Pour un système de management intégré

QSE 2018 Conforme

« Ce que vous devez retenir »

Ce livre est un guide complet pour pouvoir établir un système **intégré QSE 2018 Conforme.**

Vous êtes un jeune diplômé et vous voulez être bien préparés aux entretiens ?

Vous cherchez un livre pour pouvoir perfectionner vos connaissances en QSE 2018 ?

Vous voulez vous orienter ou réorienter votre parcours vers la Qualité ?

Vous voulez mettre à jour vos connaissances par rapport aux versions 2015 (Q) /2018 (S,E) ?

Vous vous préparez pour un projet de certification ?

Ce livre est fait pour vous !

Tables des matières :

1. U

n

sys

tè

me

de

ma

na

ge

me

nt

int

égr

é

Un

système de management intégré (SMI)

2018, s'appuie sur les référentiels des trois domaines le composant :

•ISO 9001 v2015 : pour le management par la qualité

•ISO 14001 v2018 : pour le management environnemental

•ISO 45001 v2018 : pour le management de la santé et de la sécurité au travail

Pourquoi un Système de Management QSE ?

Etablir un système de management intégré / QSE dans le but de croiser les objectifs de satisfaction clients et des parties intéressées, du respect de la législation et de la prise en compte des nouveaux enjeux internes et externes.

Les avantages d'un système de management intégré QSE sont, entre autres :

- La cohérence du système
- La simplicité du système documentaire
- La réduction des coûts
- L'amélioration des Processus en termes de performance
- La maîtrise des risques et dangers
- Améliorer l'image de l'entreprise
- Le gain et l'amélioration de confiance envers l'entreprise

- La garantie de la satisfaction de toutes les parties intéressées
- L'engagement pour le développement durable
- Le personnel sensibilisé, motivé et donc performant
- L'amélioration de la performance financière

Quelle démarche pour préparer un SMI ?

L'étape **1** Déterminer les besoins et attentes et les exigences des parties intéressées, entre autres :

- Personnel
- Clients, consommateurs
- Concurrents

- Actionnaires, investisseurs

- Prestataires externes (fournisseurs, sous-traitants, partenaires)

- Organisations et associations de branche

L'étape 2 : Si les ressources et moyens de l'entreprise le permettent, faire appel à un organisme de consulting pour être accompagné pendant l'établissement du système de management intégré.

L'étape 3 : Sensibiliser les personnels et les impliquer dans la démarche.

L'étape 4 : Établir une politique QSE

L'étape 5 : Définir les objectifs QSE

L'étape 6 : Préparer le projet de certification QSE

2. L'approche processus

C'est l'un des 7 *principes du management de la qualité* et le plus utile pour améliorer l'efficacité de l'entreprise.

Pour l'ISO 9000 : 2015, un **processus** est un *"ensemble d'activités corrélées ou en interaction qui utilise des éléments d'entrée pour produire un résultat escompté"*.

On distingue trois types de processus, de :

Management : Des processus de pilotage globale et de décision, de la direction. Ils participent à l'organisation générale et le déploiement des objectifs ;

Réalisation : Ils sont liés aux produits ou services de l'Entreprise et ils génèrent la valeur ajoutée demandée par le Client ;

Support : Ils ne sont pas liés directement aux produits ou services de l'Entreprise mais ils sont toujours indispensables au fonctionnement des activités à valeur ajoutée.

Chaque processus est défini, entre autres, par son :

- Pilote
- Intitulé
- Eléments d'entrées
- Eléments de sorties
- Des informations documentées

- Des ressources

- Des objectifs et Indicateurs de performance

- Des moyens d'inspection

Pourquoi une approche processus ?

- Clarifier les éléments d'entrée et de sortie de chaque processus et leurs interactions

- Attribuer les rôles et les responsabilités

- Fournir les ressources nécessaires

- Refonte des processus et maîtrise de leurs interactions comme un système

- Optimiser les coûts, les délais et minimiser les gaspillages

- Assurer la maîtrise opérationnelle, l'évaluation, la surveillance et l'amélioration continue des processus

3. Contexte de l'entreprise

L'entreprise et son contexte : Identifier tous les individus, groupes ou organisations qui interagissent avec l'entreprise.

Pour réussir l'établissement et la mise en place du système de management intégré, il fait identifier, évaluer et maîtriser tout enjeux pouvant influencer la performance ou l'image de l'entreprise.

- Il faut donc bien comprendre son environnement et tenir compte de son contexte en prenant compte les enjeux internes (l'aspect culturel de l'entreprise, les produits ou services, les personnels …) et externes (Sociale, Réglementaire, Economique, Technologique, Politique …).

- Evaluer les éléments susceptibles de menacer l'atteinte des objectifs de l'entreprise.

- Adopter une approche initiale et rigoureuse de l'évaluation et du repérage de tous les risques

- Déterminer et éliminer les dangers liés à la santé et la sécurité au travail

- Déterminer les aspects Environnementaux Significatifs

Comment prendre en compte le contexte ?

Le contexte de l'entreprise, peut être étudié en prenant en compte 2 outils : PESTEL et SWOT.

Pour avoir une vision globale, le premier outil à utiliser est le PESTEL. Le PESTEL consiste à noter les spécificités, avantages et risques (et des autres acteurs) selon 6 catégories :

- P pour Politique
- E pour Economie
- S pour Social
- T pour Technologie
- E pour Environnement

- L pour Législation

L'autre outil à utiliser est SWOT, il faut détailler :

- Les forces de l'entreprise
  (« Strengths »)
- Les faiblesses de l'entreprise
  (« Weaknesses »)
- Les opportunités à saisir pour le
  développement de l'entreprise
  (« Opportunities »)
- Les menaces qui pèsent sur
  l'entreprise (« Threats »)

Besoins et attentes des parties intéressées :

- **Personnel**

- **Clients**

- **Prestataires   externes (fournisseurs)**

- **Propriétaires**

- **Actionnaires**

- **Banquiers**

- **Concurrents**

Pourquoi Comprendre et intégrer les besoins et attentes des parties intéressées ?

Prendre en compte les parties intéressées dans la stratégie et la performance de l'entreprise, permet :

- De mieux gérer les risques

- Maximiser la performance de l'entreprise

- Arriver aux résultats escomptés en termes du produit ou service proposé, de santé et de sécurité au travail et de protection de l'environnement.

Il faut donc :

- Commencer par identifier toutes les parties intéressées (créer une liste) avec leur pouvoir d'influence et degré de maîtrise/légitimité

- Prioriser les parties intéressées par rapport aux objectifs de l'entreprise (Parties intéressées clés, ayant le plus grand pouvoir d'influence et les moins maîtrisées)

- Comprendre leurs besoins et exigences (vecteurs de satisfaction).

- Identifier les opportunités/risques liés aux parties intéressées (facteurs de performance)

Domaine d'application du système de management intégré :

- Il faut déterminer le périmètre du système de management QSE. Pour ce faire, il faut prendre en compte le contexte de l'organisme ; en ce qui concerne les enjeux internes et externes, les risques et dangers, les exigences des parties intéressées ... etc.

- Toute exigence non applicable, il faut la justifier dans une information documentée à jour et disponible à toutes les parties intéressées.

- Système de management intégré et processus :

- Un système de management intégré doit être établi et satisfait aux exigences des normes QSE qui incluent :

- Le management de la qualité

- La protection santé et sécurité du personnel

- La protection de l'environnement

- La maîtrise opérationnelle et donc la maîtrise des processus

- Pour cela Il faut :

- Etablir un système documentaire optimal, simple et contient juste le nécessaire

- L'améliorer en permanence

- Une politique QSE alignée avec le contexte de l'organisation

- Déterminer les objectifs QSE et les ressources nécessaires

- Déterminer et évaluer les risques et dangers

- Etablir les actions à mettre en œuvre face aux risques et mettre en place les moyens de maîtrise

- Maîtriser chaque processus : assurer les ressources, établir les fiches processus, cartographie des processus, mesurer et surveiller chaque processus, évaluer les performances de chaque processus, intégrer les exigences environnementales dans les processus, Améliorer en continu les processus, informations documentées des processus est tenu à jour et conservée.

- Réaliser un diagnostic environnemental, déterminer les aspects environnementaux et les impacts environnementaux significatifs.

- Réaliser des revues et des audits du SMI
- Garder un historique des situations d'urgence, incidents et non-conformités à tenir à jour.
- Evaluer cet historique et déterminer les situations d'urgence potentielles et établir un plan d'actions à mettre en œuvre.

4. Leadership

C'est l'un des 7 principes de management de la qualité. L'attente principale est que la direction soit responsable et engagée dans la mise en œuvre et le suivi du SMQ.

- Elle doit assumer la responsabilité de l'efficacité du système de management de la qualité via la réalisation de la revue et des audits internes.

- Prendre des engagements de moyens : qui vont permettre de répondre aux exigences de clients et à leur besoin qui va être exprimé dans la cartographie des processus.

- S'assurer que les exigences liées au SMQ sont intégrées aux processus clés

- Bien identifier -par l'écoute client- les besoins des parties intéressées et voir si les engagements pris y correspondent.

- Définir la politique QSE qui doit être mise en œuvre et tenue à jour sous la forme d'une information documentée puis affichée, communiquée et disponible aussi pour toutes les parties intéressées pertinentes. Elle doit être alignée avec le contexte de l'Entreprise, Écrite et signée par le directeur, comprend l'engagement d'assurer l'amélioration continue du SMI, de respecter les exigences.

- Planifier des objectifs qualité mesurables et cohérents avec la politique QSE.

- Définir, Communiquer, faire comprendre et attribuer les responsabilités et autorités au sein de l'organisme pour mettre en place voire de s'assurer du fonctionnement, de la mesure de performance et de la conformité aux exigences du système de management intégré. (Utilisation de fiches de postes pour décrire les taches, rôles et autorités)

- La personne en charge doit assurer la sensibilisation des personnels et communiquer sur l'importance de leur implication dans la démarche QSE et maîtriser les modification).

5. Planification du système de management intégré

Actions face aux risques et opportunités :

Ce nouveau concept qui consiste à évaluer et traiter les risques est l'un des changements les moins maîtrisés, mais il l'est le plus important. Les risques peuvent avoir un impact potentiel, négatif (menace) ou bien positif (opportunité), sur la conformité des produits et des services.

L'approche par risque doit être maîtrisée et prise en compte tout au long du processus de la conception et la mise en œuvre du système de management intégré. Cela nous permet, entre autres de :

- S'assurer du bon fonctionnement du système de management et son efficacité.
- Césir les opportunités et d'atteindre les objectifs QSE.
- Prévenir ou réduire les effets négatifs et les défaillances potentielles des activités de l'entreprise.

La Direction s'efforce de :

- Anticiper les risques en prenant en compte :

- ✓ Les enjeux externes et internes

- ✓ Les besoins et exigences des parties intéressées

- ✓ Le domaine d'application du système de management QSE

- ✓ Les aspects environnementaux significatifs

- ✓ Les obligations de conformité

- ✓ Les situations d'urgence

- ✓ Les opportunités d'amélioration

- Analyser et évaluer les risques.

- Planifier des actions pour aborder à la fois les risques et les opportunités.

- Revoir, Intégrer et mettre en œuvre ces actions dans les processus de système de gestion (en modifiant les étapes, introduisant contrôles ciblés et adaptant des indicateurs si nécessaire)

- Evaluer l'efficacité des actions mises en œuvre.

- Les actions doivent être surveillées et communiquées.

Une information documentée est tenue à jour pour établir et mettre en place l'approche risque et les opportunités d'amélioration.

Dangers et aspects environnementaux significatifs :

Pour planifier ce processus, la Direction doit :

- Dresser un diagnostic pour déterminer les dangers, les aspects environnementaux (comme l'émission de bruits, les émissions dans l'air ...) et impacts environnementaux significatifs (comme pollution atmosphérique, contamination du sol ...) : document unique à tenir à jour.

- Les analyser en prenant en compte :
    - ✓ Le contexte de l'entreprise
    - ✓ Les éléments d'entrée (matières premières, énergie)
    - ✓ Les activités (cycle de vie)
- Classifier les dangers selon les 5 catégories les plus fréquentes :
    - ✓ Physiques
    - ✓ Chimiques
    - ✓ Biologiques
    - ✓ Psychologiques
    - ✓ Ergonomiques
- Identifier les personnes qui peuvent être concernées

- Évaluer les risques et classifier les impacts environnementaux par priorité selon, entre autres :
  - ✓ Le degré de gravité
  - ✓ La fréquence
  - ✓ Le coût de traitement
  - ✓ La possibilité de traitement, de surveillance, de mesure et de contrôle
  - ✓ Les exigences légales

- Mener des audits internes adéquat permet de vérifier régulièrement si ces exigences sont à jour.
- Déterminer et tenir à jour les obligations de conformité en

matière de SSE par une **veille réglementaire**.

- Traduire les obligations de conformité dans toutes les activités de l'entreprise en exigences internes.

- Evaluer la conformité aux exigences internes régulièrement.

- Déterminer les moyens de maîtrise, selon leur degré de protection et de réduction des risques et élimination des dangers :

    ✓ Formation du personnel

    ✓ Adaptation des postes de travail et choix des équipements

- ✓ Adopter les moyens de maîtrises techniques
- ✓ Signalisations, affichages et avertissements
- ✓ Equipements de protection individuelle (EPI)
- Planifier et mettre en place des actions pour faire face aux risques et les anticiper, saisir les opportunités, gérer les aspects environnementaux significatifs et respecter les obligations de conformité.
  - ✓ Intégrer ces actions dans les processus du système QSE.

✓ Evaluer l'efficacité des actions mises en œuvre (Mettre en place les objectifs et indicateurs* QSE).

*Le niveau des indicateurs est suivi régulièrement par le Responsable Qualité et affichés dans un tableau de bord à l'ensemble du personnel.

Une information documentée est tenue à jour pour :

✓ Établir, évaluer et communiquer les aspects et impacts environnementaux.

- ✓ Établir, planifier et mettre en place la maîtrise des dangers et risques.

- ✓ Établir, planifier et mettre en place l'évaluation des obligations de conformité aux exigences légales applicables en termes de santé, sécurité et environnement.

- ✓ Les objectifs QSE

Planification des modifications (exigences Q) :

Toute modification du système de management intégré doit être planifiée.

Mais qu'est ce qui peut déclencher des modifications dans le SMQ ?

- ✓ Maîtrise des risques et opportunités
- ✓ Les résultats des audits
- ✓ Les non-conformités
- ✓ Les revues de la direction
- ✓ Les exigences applicables aux produits et services

L'organisme doit prendre en considération, entre autres :

1. La finalité et objectif des modifications
2. La priorité des modifications selon effets/impacts et les dangers potentiels probables sur les

processus, les informations documentées et l'intégralité du SMI ;

3. La disponibilité des ressources ;

4. Les responsabilités et autorités ;

6. **Support :**

Ressources (exigences Q, S, E)

Les ressources nécessaires à l'établissement, le suivi et à l'amélioration du système de management de la qualité, incluent :

- Les ressources financières, matérielles et humaines ;
- Les infrastructures : Déterminer, fournir et entretenir les installations nécessaires pour obtenir un produit conforme ;
- L'environnement de travail : inclut des aspects physiques et psychologiques comme

l'ergonomie des postes de travail, bruit et motivation ;

- Les équipements de mesure et d'inspection :

  - ✓ Fournir le personnel et le matériel nécessaire au bon fonctionnement des processus d'inspection et de surveillance ;

  - ✓ Les identifier, trier, planifier leur vérification (ou étalonnage) et les protéger contre tout ce qui peut les résultats des mesures

- Les connaissances (nouvelle catégorie de ressources) :

connaissances nécessaires pour pouvoir mettre en œuvre les processus préalablement définis pour arriver à un produit et service conforme.

1. Mener une revue des ressources périodiquement par la direction

2. Une information documentée est conservée sur :

- L'aptitude à l'usage du personnel réalisant l'inspection sont conservées

- L'étalonnage d'un équipement de mesure quand un étalon « maison » a été utilisé.

3. Établir des instructions de travails pour afficher les conditions de manutention et de stockage des instruments.

Compétences (exigences Q, S, E) :

- Déterminer les connaissances et savoir-faire nécessaires pour chaque activité ;
- Définir les besoins en formation (y compris la formation en matière de sécurité sur le poste de travail) et établir un programme de formation à actualiser au moins deux fois par an ;
- Analyser l'efficacité des formations

- Lister les personnes ayant besoin des habilitations réglementaires ou d'usage ;

  ⇨ L'idée qu'il faut documenter toutes ses compétences et son savoir-faire pour les conserver et les transmettre aux futures embauchés est dépassée : Il faut faire simple !

Sensibilisation (exigences Q, S, E) :

Toute personne travaillant au sein de l'organisme - au sujet de : la politique QSE et les objectifs QSE, la contribution de sa performance au système de management intégré et aux impacts environnementaux et dangers SST liés aux postes de travail - doit être sensibilisée.

Communication (exigences Q, S, E) :

- Fournir les dispositions de communication des informations appropriées aux parties intéressées ;
- Préciser les informations communiquées en termes opérationnels :

  Quoi : Simplifier, Clarifier, Sensibiliser et Expliquer ;

Comment : les méthodes de communications en interne et en externe sur le SMI et son amélioration (revue, rapport, lettre, affiche, instruction, réunion, tableau de bord …) ;

Qui : Définir le responsable de la communication en interne et en externe

Quand : Préciser le délais …

⇨ Conserver une information documentée pour ce processus

Informations documentées (exigences Q, S, E) :

- Peuvent être sous toute forme (un email est aussi une information documentée) ;
- Identifiée par la codification, le format standard, la date de création (version), la revue, modifications ;
- Respectent les exigences des normes QSE ;
- Doivent être simplifiés et efficaces : juste le nécessaire ;
- Doivent être codifiées et approuvées ;
- Périmées sont identifiées et ne doivent pas être utilisée ;
- Le système documentaire peut contenir des informations

documentées séparées pour
chaque norme ou en commun. Ce
dernier est préférable vu qu'il rend
le système plus simple et claire

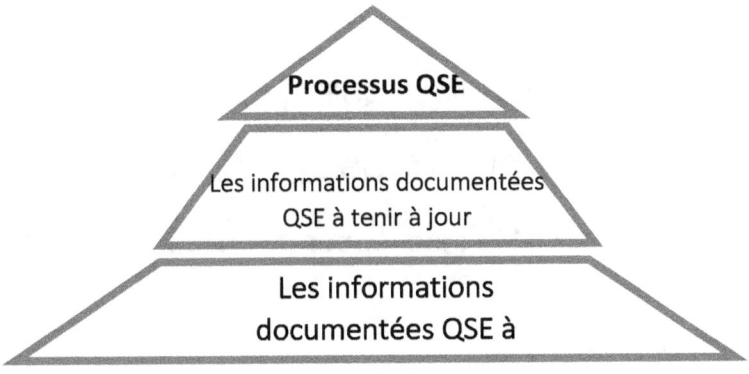

Figure 1 : La pyramide documentaire

commune QSE

⇨ **L'information documentée**

est tenue à jour = l'ancien

terme de procédure :

Dans la norme ISO 9001 version 2015 :

- ✓ Domaine d'application du SMI (§ 4.3)
- ✓ Maîtrise des processus (§ 4.4)
- ✓ Politique QSE (§ 5.2)
- ✓ Objectifs QSE (§ 6.2)
- ✓ Maîtrise opérationnelle (§ 8.1)

La norme ISO 45001 v 2018 exige en plus :

- ✓ Responsabilités et autorités du SMSST (§ 5.3)
- ✓ Risques et opportunités SST (§ 6.1.1)

- ✓ Méthodes et critères d'évaluation des risques (§ 6.1.2.2)
- ✓ Exigences légales (§ 6.1.3)
- ✓ Objectifs et plans d'action SST (§ 6.2.2)
- ✓ Situations d'urgence (§ 8.2)
- ✓ Amélioration continue (§ 10.3)

La norme ISO 14001 v 2015 exige en plus :

- ✓ Risques et opportunités (§ 6.1.1)
- ✓ Aspects environnementaux (§ 6.1.2)

✓ Obligations de conformité (§ 6.1.3)

⇨ **L'information documentée est conservée = l'ancien terme d'enregistrement :**

Toute information documentée conservée est unique et représente une preuve, d'une activité d'un processus ou d'une exigence, qu'on va traiter comme base de données pour pouvoir analyser l'efficacité des processus et garantir l'amélioration continue du système de management intégré QSE par la suite.

- Toute information documentée doit être maîtrisée : Disponibilité adéquate au besoin (endroit, moment, utilisation), la gestion de modifications, la durée d'archivage, l'élimination ;

- Certaines informations documentées peuvent être regroupées en une seule.

- Le responsable QSE doit mener une revue du système documentaire QSE périodiquement.

- Chaque pilote est responsable de la gestion des informations documentées liées aux processus qu'il gère.

8. Réalisation des activités opérationnelles

Planification et maîtrise opérationnelles

(exigences Q, S, E) :

Pour satisfaire aux exigences des parties intéressées, il faut planifier et maîtriser les processus essentiels nécessaires au système de management intégré :

- Déterminer les exigences liées aux produits et services

- Etablir les critères d'acceptation et de fonctionnement (comme les instructions de travail, limite d'exposition, condition de stockage, les équipements de protection individuelle, condition d'accès (personnel et visiteurs), réponse aux situations d'urgence) pour éviter un écart par rapport à la politique QSE, aux objectifs QSE, aux exigences légales et réglementaires,

- Fournir les ressources nécessaires

- Utiliser les outils QSE

- Tenir à jour et conserver des informations documentées prouvant la conformité des produits et services et la réalisation des processus comme prévu

- Mettre en place des actions face aux risques et opportunités : Pour tout risque considéré comme non acceptable dans l'un des processus un moyen de maîtrise doit être mis en place => Maîtrise opérationnelle tout en prenant en compte le cycle de vie [exemples : information documentée - instruction de travail - protection physique - qualification du personnel]

En outre, la direction doit assurer la **maîtrise des processus** réalisés par des prestataires externes et leur **communiquer les exigences** du SMI.

Exigences des produits et services

Communication avec les clients (exigences Q, S, E)

La communication avec les parties intéressées porte sur :

- La qualité en termes de :
  - Informations sur le produit et le service : les spécifications techniques, conditions d'utilisation entre autres ;
  - Consultations, contrats, avenants, dérogations et commandes
  - Perception des clients : les réclamations et actions mises en place

- ➤ Protection de la propriété du client

- • La santé et de la sécurité au travail en termes de :
  - ➤ Prévention et évaluation des risques
  - ➤ Modification et évaluation du lieu de travail
  - ➤ Préparation aux situations d'urgence
- • L'environnement en termes de :
  - ➤ Prévention d'impacts environnementaux
  - ➤ Aspects significatifs environnementaux

➤ Cycle de vie du produit : Communication sur les exigences environnementales

➤ La livraison et le traitement en fin de vie du produit : Communication sur les impacts environnementaux significatifs potentiels

➤ Préparation et réponse aux situations d'urgence

Détermination des exigences relatives aux produits et services *(exigences Q)*

- Déterminer les exigences des produits et services que propose l'entreprise

- Respecter les exigences légales et réglementaires applicables.

- La direction doit répondre à toute réclamation relative aux exigences des produits et services.

Revue des exigences relatives aux produits et services *(exigences Q)*

Il faut passer en revue :

- Les exigences Spécifiées par le client (y compris les exigences de livraison et activités après livraison exemple : emballage)

- Les exigences Implicites (Demander la confirmation par écrit avant d'accepter toute exigence du client)
- Les exigences Internes
- Les exigences légales et réglementaires
- Les écarts entre les exigences d'une commande et celles précédemment exprimées

Toute exigence orale du client est transcrite par écrit et envoyée au client avant acceptation.

Les résultats de la revue des exigences, y compris toute exigence nouvelle ou modifiée, sont conservés comme informations documentées.

Après chaque modification sur une exigence, il faut actualiser l'information documentée et la communiquer aux personnes concernées.

Situations d'urgence (exigences S, E)

Une information documentée doit être tenue à jour pour établir et planifier le processus de la préparation et la réponse aux situations d'urgence et leurs impacts sur la santé, la sécurité du personnel et l'environnement.

- Ce processus consiste à :
  - Déterminer les dangers potentiels (incident, accident, pollution,

incendie, réclamation client, grève etc),

- Déterminer les risques et impacts environnementaux avant la mise en place de tout nouveau processus, produit ou service,

- Définir les méthodes et actions à mettre en place pour réagir à toute situation d'urgence et accident,

- Répartir les responsabilités et rôles,

- Communiquer en interne et externe les plans d'actions

- Former le personnel pour pouvoir réagir à temps et en respectant des instructions précises

- Mettre à jour la liste des équipements d'urgence
- Installer et mettre à jour les consignes, fiches de poste, fiches réaction et signalisations appropriées et former le personnel à leur utilisation leur respect.

Il est nécessaire donc de lister les :

- Zones de stockage des produits chimiques.
- Locaux et entreprises voisines pouvant être impactées par une émission des produits dangereux de l'entreprise.
- Organismes externes d'assistance (sapeurs-pompiers, police)

Et de déterminer et décrire les :

- Zones d'évacuation

- Précautions de sécurité

- Equipements de protection individuelle

- Principales méthodes de nettoyage après déversement de produits dangereux

Les outils d'identification et analyse des risques environnementaux : AMDEC et HAZOP.

Conception et développement (exigences Q)

- Établir, planifier, maîtriser et tenir à jour le processus de conception et développement en se basant sur les prérequis « acquérir les ressources », « valider le contrat ».

- Déterminer les exigences du client et autres parties intéressées et transformer en exigences internes.

Planification de la conception et du développement :

Dans la planification du processus « conception et développement », la direction prend en compte :

- Les responsabilités et autorités nécessaires

- Les besoins en ressources internes et externes

- La nature des activités

- Les exigences de chaque étape, y compris les revues

- La communication efficace entre tout le personnel impliqué

- L'implication des clients et utilisateurs dans certaines étapes

- Le besoin de vérifications et validations

- Les informations documentées sur le respect et la satisfaction aux exigences de la conception et du développement

Éléments d'entrée de la conception et du développement

Les éléments d'entrée de la conception et du développement sont :

Sans ambiguïté (adapter les si besoin)

Sans conflits

Complets

Sans contradictions

Déterminer :

- Les Exigences fonctionnelles et de performance du produit et service

- Les exigences légales et réglementaires applicables Concernant les processus, produits et services

- Les informations de projets similaires précédents

- Les normes, règles et traditions internes

- Les impacts d'une défaillance ultérieure intrinsèque du produit et service

  ressources internes et externes nécessaires

- Les conséquences d'un dysfonctionnement potentiel selon la nature du produit et service

- Le niveau nécessaire de maîtrise attendu par les clients

Des informations documentées sont conservées sur les éléments d'entrée de la conception et du développement.

Maîtrise de la conception et du développement

La maîtrise de la conception et du développement consiste à ce que :

- Les résultats prévus soient formellement et clairement définis

- Les revues de conception et du développement soient planifiées

- Les vérifications et validations, de la satisfaction des éléments de sortie aux exigences d'entrée et des produits et services, soient réalisées comme prévu

- Des actions soient entreprises pour résoudre tout problème rencontré

- Des informations documentées soient conservées

Éléments de sortie de la conception et du développement

Les éléments de sortie de la conception et du développement doivent être vérifiés, validés et les informations documentées conservées avant toute production. Ils doivent satisfaire aux exigences d'entrée, fournir les informations pour les achats et la production, contenir les critères d'acceptation ou y font référence et spécifier les caractéristiques pour leur utilisation correcte.

Modifications de la conception et du développement

La vérification, la validation et l'approbation des modifications de la conception et du développement permettent d'éviter tout écart des exigences.

De cette manière : La conformité est évaluée, les risques sont déterminés et les solutions sont trouvées.

Des informations documentées sur les modifications, leurs revues, autorisations et actions doivent être conservées.

8.4 Prestataires externes *(exigences Q)*

Un prestataire externe peut être un fournisseur, un partenaire, un sous-traitant, etc.

La direction doit garantir la conformité des produits, services et processus des prestataires externes. La maîtrise des prestataires externes est garantie dans les cas suivants :

• les produits et services du prestataire externe inclus dans les produits et services de l'entreprise

• les produits et services du prestataire externe directement fournis aux clients

• un processus réalisé par le prestataire externe

Les prestataires externes doivent être évalués et sélectionnés. L'évaluation de la performance des prestataires externes est réalisée régulièrement.

Les informations documentées des évaluations, des suivis et des résultats de la performance des prestataires externes doivent être conservées.

8.4.2 Etendue de la maîtrise des prestations externes

Le type de la maîtrise des prestataires externes prennent en compte :

- Les risques sur l'aptitude de l'entreprise à respecter les exigences des clients, règlementaires et autres

- Le niveau de performance du prestataire externe

Les évaluations faites assurent des produits et services fournis par les prestataires externes conformes aux exigences des clients. Pour cela la direction définit l'étendue de la maîtrise à exercer sur le prestataire externe et ses éléments de sortie. On peut classer les prestataires externes en étant nouveau, connu et homologué

Pour tout nouveau prestataire externe l'inspection sera renforcée, pour celui qui est homologué l'inspection, si elle existe, sera minime.

Les activités externalisées entrent dans le domaine d'application du système de management intégré.

8.4.3 Informations à l'attention des prestataires externes

La communication est réalisée nécessairement après vérification de l'adéquation des exigences spécifiées.

Les informations relatives aux exigences communiquées aux prestataires externes concernent les produits vendus et services fournis voire les processus réalisés, l'approbation -des Produits et services, des Processus, des Méthodes et des Équipements- la libération des éléments de sortie, les compétences du personnel, les interactions avec le système de management intégré de l'entreprise ,la surveillance des performances du prestataire externe et les activités de vérification à réaliser dans les locaux du prestataire externe.

8.5 Production et prestation de service

(exigences Q)

8.5.1 Maîtrise de la production et de la prestation de service

La direction assure la réalisation de la production du produit, la prestation de service, la livraison et le service après-vente dans des conditions maîtrisées :

- Disponibilité de toutes les informations documentées relatives aux spécifications des produits/services et aux activités

- Les ressources et le personnel compétant

- L'utilisation appropriée des équipements

- Les dispositifs anti-erreur

- La libération, livraison et service après-vente

La maîtrise de ces conditions peut être obtenue avec :

- Critères de revue et de validation des processus et des équipements
- Qualifications du personnel
- Méthodes et informations documentées

8.5.2 Identification et traçabilité

Des inspections et contrôles de produit sont faites régulièrement. Les produits sont identifiés, la traçabilité du produit est maîtrisée tout au long de sa réalisation et l'historique de l'état des éléments de sortie des processus est conservé comme informations documentées.

8.5.3 Propriété des clients ou des prestataires externes

Le personnel accorde des soins particuliers à l'utilisation correcte de la propriété du client ou du prestataire externe. Cette propriété (qui peut être la propriété intellectuelle ou une information confidentielle) est identifiée (nom du propriétaire), vérifiée, protégée et sauvegardée.

Pour tout incident survenu (perte ou dégât) des informations sur ce qui est arrivé sont communiquées aussitôt au propriétaire et des informations documentées sont conservées.

8.5.4 Préservation

La préservation des éléments de sortie des processus est réalisée avec des opérations appropriées pour garantir le respect des exigences.

8.5.5 Activités après livraison

Les activités après livraison (garantie, maintenance, service après-vente) des produits et services prennent en compte les risques potentiels, le cycle de vie (la durée de vie normale, le recyclage, l'élimination finale), les exigences des clients et leurs retours d'information et les exigences légales et réglementaires

8.5.6 Maîtrise des modifications

Le but de la maîtrise des modifications non planifiées apparaissant pendant la production des produits ou la prestation des services est de maintenir le respect des exigences spécifiées.

Les résultats de revue des modifications, les risques et opportunités déterminés, le personnel autorisant les modifications et les actions entreprises sont conservées comme informations documentées.

8.6 Libération des produits et services

(exigences Q)

L'inspection des produits et services finis est réalisée afin de vérifier leur conformité.

La livraison est effectuée seulement après vérification de la conformité. Une exception est possible quand une dérogation spéciale ou du client est confirmée par écrit.

Dérogation (après production) : autorisation écrite de livrer un produit non conforme

La traçabilité de chaque livraison (conformité aux critères d'acceptation et la personne ayant donnée l'autorisation) est conservée comme information documentée.

8.7 Maîtrise des éléments de sortie non conformes *(exigences Q)*

Les éléments de sortie des processus non conformes sont identifiés et traités.

Tout gaspillage est une non-conformité interne. Les 8 gaspillages les plus souvent rencontrés sont la surproduction, les stocks excessifs, les défauts, les mouvements inutiles, les opérations inutiles, les attentes, les transports inutiles et les compétences inutilisées.

La chasse aux gaspillages est une activité d'amélioration continue.

Le produit et le service non conformes y compris après livraison sont traités en :

- analysant la non-conformité

- éliminant la non-conformité détectée (isolement, réparation, reprise, retouche, recyclage, traitement des rebuts)

- autorisant son utilisation par dérogation écrite délivrée par une autorité compétente ou par le client menant des actions pour empêcher l'utilisation prévue (isolement, rebut)

- menant des actions correctives pour éliminer les causes

- communiquant avec le client, quand cela est approprié (toujours quand c'est après livraison)

Après tout traitement d'une non-conformité une vérification du respect des exigences est réalisée pour réintégrer le flux normal.

Des informations documentées sont conservées sur le traitement mis en place sur les non-conformités et incluent la description de la non-conformité, les actions correctives menées, les dérogations autorisées, la personne ayant décidé le traitement

9. Evaluation des performances

Surveillance, mesure, analyse et évaluation *(exigences Q, S, E)*

L'organisme doit déterminer les mesures et surveillances nécessaires à réaliser, les méthodes d'inspection, d'analyse et d'évaluation   Afin d'assurer la validité des résultats, quand inspecter aux étapes clés (essentielles) des processus ou sur la demande client, quand analyser et évaluer les résultats de l'inspection (quand cela apporte de la valeur ajoutée).

L'organisme doit réaliser une inspection dans pour s'assurer de la conformité aux exigences spécifiées.

L'organisme doit prendre en compte :

o   les   impacts   environnementaux significatifs possibles de processus o Les dangers pour la santé et la sécurité

• les obligations de conformité (cf. paragraphe 6.1.3)

• les moyens de maîtrise opérationnels (cf. § 8.1)

Le processus d'inspection fournit l'information nécessaire pour réaliser des analyses et évaluations et donc à l'amélioration continue par la suite.

⇨ Les résultats des activités d'inspection, d'analyse et d'évaluation sont conservés comme informations documentées.

L'organisme doit assurer la conformité du produit et service aux critères applicables par les processus d'utilisation et de maintenance d'équipements d'inspection.

Tout instrument de mesure doit être identifié et vérifié.

Évaluer la performance du SMQ en termes d'efficacité et d'efficience et présenter les résultats en revue de direction.

Des informations sur la performance environnementale (exp l'impact environnemental de vos produits) sont communiquées en interne et en externe (cf. § 7.4) en relation avec les obligations de conformité (cf. paragraphe 6.1.3).

Satisfaction du client et évaluation de la conformité :

La satisfaction client est un indicateur primordial pour évaluer la performance du système de management intégré. Il faut surveiller régulièrement la perception du client sur le niveau de sa satisfaction. Pour ce faire, nous utilisons les :

- Enquêtes de satisfaction
- Visites sur terrain
- Réclamations
- Études de marché
- Recommandations

Mener régulièrement une veille réglementaire liée aux exigences des parties intéressées (internes et externes).

⇨ Des informations documentées de l'évaluation de la conformité sont conservées

Analyse et évaluation :

Analyser et évaluer les données de la surveillance et de la mesure. Quand la quantité des données est importante, il faut utiliser les techniques statistiques et commencer par trier par ordre d'importance et par risque potentiel.

Utiliser les résultats de l'analyse des données de la surveillance et de la mesure pour :

- Démontrer la conformité aux exigences et

- Assurer la performance du système de management intégré

- Accroître la satisfaction et la fidélisation du client

- Evaluer la conformité du produit réalisé et du service

- Démontrer que la planification est exécutée avec succès

- Identifier les opportunités d'amélioration du SMI

- Comme éléments d'entrée de la revue de direction

Pour les équipements :

- Il faut définir les critères d'acceptation des activités d'inspection,

- Tenir à jour la liste générale des équipements nécessitant un étalonnage et la vérification

- Identifier l'état de l'étalonnage par une étiquette

Audit interne *(exigences Q, S, E)*

C'est un processus qui permet de déterminer et vérifier régulièrement si le

SMI est conforme (aux exigences internes et aux normes QSE), efficace (par rapport aux objectifs fixés/indicateurs vérifiés) et opérationnel.

Planifier, établir, mettre en place et tenir à jour un programme d'audit annuel

Inclure la fréquence et les responsabilités

Prenant en compte dans le programme d'audit lors de la planification :

- les objectifs QSE

- l'importance des processus

- les risques

- les opportunités

- les retours d'information des clients

- les modifications ayant un impact sur l'entreprise

- les résultats des audits

Preuves d'audit :

- Fiche de processus

- Niveau des indicateurs

- Présence de formation

- Retours clients

Le responsable QSE est chargé de définir pour les audits :

• Les responsabilités ;

• Le choix des auditeurs, ne pas auditer son département ;

• Les exigences pour planifier, mener les audits, établir le rapport d'audit, communiquer les résultats.

• Le périmètre d'audit, la fréquence et les méthodes

Entreprendre des actions correctives si nécessaire et vérifier la mise en place des opportunités d'améliorations identifiées par le suivi d'audit.

⇨ Des informations documentées sont conservées de la mise en place du programme d'audit et le rapport d'audit

Revue de direction *(exigences Q, S, E)*

La Direction doit :

- Procéder au moins une fois par an à la revue du SMI pour confirmer qu'il est toujours pertinent, adapté et efficace par rapport aux objectifs fixés.

- Planifier la revue en considérant l'état des actions de la revue précédente

- Réaliser la revue de direction en considérant les modifications des enjeux externes et internes pour le SMQ y compris l'orientation stratégique

- Prendre en compte les informations sur la performance qualité et les indicateurs relatifs aux non-conformités et aux actions correctives

Les éléments d'entrée de la revue incluent les indicateurs relatifs aux :

- Résultats de surveillance, de mesure et d'audit,

- L'analyse des aspects environnementaux,

- À la satisfaction des clients, aux prestataires externes et autres parties intéressées,

- Aux ressources nécessaires,

- À la performance des processus et à la conformité des produits et services,

- À la conformité aux exigences légales et réglementaires,

- L'efficacité des actions mises en place relatives aux risques et les opportunités d'amélioration continue.

Les éléments de sortie de la revue comprennent :

- Les décisions relatives aux opportunités d'amélioration continue du SMI / produit et service.

- Les décisions relatives aux éventuelles modifications du SMQ y compris les besoins en ressources.

  ⇨ Conserver les informations documentées sur les

conclusions de la revue de direction

10. Amélioration

Afin d'accroître la satisfaction du client il faut chercher, saisir et met en place les opportunités d'amélioration et mener des actions sur

- Les processus
- Le système de management intégré
- Les produits et services

Non-conformité et actions correctives (exigences Q, S, E)

Traiter et réagir à toute non-conformité liée à la qualité, la santé, la sécurité et l'environnement afin de diminuer les coûts :

- Isoler les non-conformités et les inspecter à 100% avant de rentrer dans le flux normal

- Mettre en œuvre des actions curatives

- Déterminer les causes premières pour que la non-conformité ne se reproduise pas

- Evaluer les risques potentiels et leurs impacts

- Evaluer et mettre en œuvre le besoin d'actions correctives nécessaires

- Suivre l'efficacité des actions réalisées

- Modifier le SMQ si nécessaire

- Réagir proportionnellement aux conséquences des non-conformités, ne pas faire de la sur qualité !

  ⇨ Conserver les informations documentées sur les non-conformités et les actions entreprises

  ⇨ Conserver les informations documentées sur les résultats des actions entreprises

L'animateur santé et sécurité doit :

- Identifier, analyser tous les incidents liés à la santé et la sécurité au travail et évaluer le besoin d'actions correctives.

- Évaluer préalablement les risques et impacts potentiels

- Mettre en place les actions correctives jugées nécessaires et évaluer leur efficacité

- Etablir les opportunités d'amélioration continue

- Modifier les informations documentées du SMI si nécessaire

Amélioration continue *(exigences Q, S, E)*

Processus qui vise l'amélioration continue de la performance du SMQ et repose, entre autres, sur :

- Les résultats des audits
- Les résultats des mesures et surveillances opérationnelles
- L'analyse des données
- L'élimination des gaspillages
- Les recommandations
- L'établissement des objectifs d'amélioration
- La mise en œuvre des solutions et la mesure de pertinence
- La formalisation des modifications
- Les éléments de sortie de l'analyse, de l'évaluation et de la revue de

direction afin de trouver des

opportunités d'amélioration